DE LA

SOUVERAINETÉ DU PEUPLE

SAINEMENT ENTENDUE,

LOI FONDAMENTALE DE LA FRANCE,

ET DE LA

SOUVERAINETÉ DE LA RAISON,

PRINCIPE POLITIQUE DES DOCTRINAIRES.

PARIS.—IMPRIMERIE DE G.-A. DENTU,
rue de Bussi, n° 17.

DE LA

SOUVERAINETÉ DU PEUPLE

SAINEMENT ENTENDUE,

LOI FONDAMENTALE DE LA FRANCE,

ET DE LA

SOUVERAINETÉ DE LA RAISON,

PRINCIPE POLITIQUE DES DOCTRINAIRES,

considérées en elles-mêmes et dans leurs rapports,

LA PREMIÈRE, AVEC L'AUTORITÉ DE L'ÉGLISE S'EXPLIQUANT PAR LA VOIX DES CONCILES; LA SECONDE, AVEC LE PROTESTANTISME.

Ouvrage qui contient, en particulier, une critique générale des doctrines de M. Guizot, et de ses travaux historiques concernant la France.

PAR C.-A.-R. DUCAUROY,

Avocat à la Cour royale de Paris.

N'avez-vous pas lu souvent que l'État est la chose du peuple? Or puisqu'il est sa chose, comment négligera-t-il ou ne soignera-t-il pas sa chose? Comment des flatteurs attribuent-ils la souveraineté au prince qui n'existe que par le peuple? (Discours de messire Philippe Pot, seigneur de la Roche, député de la province de Bourgogne aux États-généraux de 1484.)

A PARIS,

CHEZ G.-A. DENTU, IMPRIMEUR-LIBRAIRE, rue de Bussi, nᵒ 17; et Palais-Royal, galerie Vitrée, nᵒ 13.

1843.

AVANT-PROPOS.

Les principes politiques dominent les intérêts matériels, et ceux-ci ne peuvent être l'objet de discussions utiles que quand ces principes sont irrévocablement fixés. Or, le principe de la souveraineté du peuple, au nom duquel s'est faite la révolution de **1789**, et qui s'est relevé en **1830**, est nié hautement par le parti doctrinaire, qui depuis cette dernière époque a eu constamment la prépondérance dans les affaires. Le chef de cette secte, aujourd'hui à la tête du ministère, a employé une partie de sa vie à combattre ce principe dans ses ouvrages, pour lui substituer ce qu'il appelle *la souveraineté de la raison*. La discussion des principes est donc d'une opportunité évidente ; négligée à tort dans la politique, on l'a vue renaître sous une autre forme dans les questions religieuses, et au sujet de l'enseignement public. Il existe en effet les rapports les plus étroits entre le principe de la souveraineté politique et le principe d'autorité en matière religieuse, c'est pourquoi je les ai associés dans cet écrit, où je concilie le principe de la souveraineté du peuple sainement entendue, avec les plus nobles traditions de notre histoire.

DE LA

SOUVERAINETÉ DU PEUPLE

SAINEMENT ENTENDUE (1),

PRINCIPE POLITIQUE ET LOI FONDAMENTALE DE LA FRANCE (2),

ET DE LA

SOUVERAINETÉ DE LA RAISON,

PRINCIPE POLITIQUE DES DOCTRINAIRES.

———

La souveraineté du peuple est la seule souveraineté légitime.

Le peuple ne relève que de Dieu, qui a créé

(1) *Voir* particulièrement la note de la page 15.
(2) Sous les deux premières races de nos rois, la nation décidait souverainement des affaires d'Etat, dans ces assemblées générales si connues sous les noms de *Champs-de-Mars* et de *Champs-de-Mai*. Alors l'hérédité dans le pouvoir royal était conditionnelle. Sous la troisième race, ce pouvoir était limité par le droit de voter l'impôt, qui appartenait aux États-généraux.

l'homme pour être libre, et qui n'autorise personne à s'attribuer les droits du peuple.

Les principes politiques opposés à celui de la souveraineté populaire, sont : le principe de la souveraineté d'un seul, ou despotisme proprement dit, et celui de la souveraineté d'une portion plus ou moins nombreuse du corps social, ce qui constitue le despotisme aristocratique.

Sous le régime de la souveraineté du peuple, tous les pouvoirs sont considérés comme des fonctions.

Sous le despotisme, le pouvoir est une seigneurie.

Sous le premier régime, on ne compte que des citoyens.

Sous le second, il y a d'un côté des maîtres, de l'autre des sujets, ou même des esclaves.

L'un repose sur la justice, l'autre sur la force.

Il s'est trouvé des hommes qui n'ont pas craint de donner la force pour base à l'autorité, et de fonder, dans leurs théories, la société sur le despotisme. De telles maximes inspirent une juste horreur à tout homme qui aime sincèrement la

liberté ; elles ont toutefois le mérite de la fran-
chise.

Mais un système politique est né de nos jours,
qui, cachant la même conclusion sous le voile
de l'équivoque, est beaucoup plus dangereux
que le précédent ; déguisant le despotisme par
l'habileté du langage, il prétend asservir les hommes au nom même de la raison, qui les proclame
libres.

Qu'est-ce en effet que la souveraineté de cette
raison qui n'est ni celle du peuple ni celle de la
représentation nationale élue par tous les citoyens ? qu'est-ce que la souveraineté de la raison, sinon la souveraineté de quiconque prétend
avoir raison, de quiconque s'établissant juge de
la raison d'Etat, s'emparera du pouvoir par la
ruse et la violence, et s'y maintiendra par les
mêmes moyens ?

Le principal organe de ce système l'expose
dans les termes suivans (1) : « Il existe, dit-il,

(1) *Voyez l'Histoire du gouvernement représentatif en
Angleterre*, 10ᵉ leçon, *Journal des cours publics*, Cours
de M. Guizot, 1821, 1822.

« dans toute société, une certaine somme d'idées
« justes et de volontés légitimes sur les droits
« réciproques des hommes, sur les relations so-
« ciales et leurs résultats. Cette somme d'idées
« justes et de volontés légitimes est dispersée
« dans les individus qui composent la société, et
« inégalement répartie entre eux, en raison des
« causes infinies qui influent sur le développe-
« ment intellectuel et moral des hommes. De
« quoi s'agit-il donc pour faire régner dans la so-
« ciété ce pouvoir de la raison, de la justice et
« de la vérité, qui seul légitime en lui-même,
« seul a droit d'imposer l'obéissance? Le pro-
« blême est de recueillir partout dans la société
« les fragmens épars et incomplets de ce pou-
« voir, de les concentrer et de les constituer en
« gouvernement.

« Un des moyens d'y parvenir consiste dans
« la fixation des conditions imposées d'avance à
« quiconque aspire à exercer telle ou telle por-
« tion du pouvoir. »

Mais qui fixera ces conditions, si ce n'est cette
même raison dont, suivant l'auteur que je cite, il
s'agit de concentrer les élémens épars, et qui, par

conséquent, n'est pas encore à l'état de pouvoir ?

Le même publiciste exige aussi des conditions pour la faculté d'élire. Or, qui fixera ces conditions ? la raison, sans doute ; mais l'objection qui vient de nous arrêter se présente de nouveau, et c'est un cercle vicieux dont il est impossible de sortir.

D'ailleurs, il s'agit d'élire des représentans en qui se trouve cette raison *dont le pouvoir seul légitime en lui-même, seul a droit à l'obéissance.* Or, qui pourra apprécier en eux *ce principe de la souveraineté,* si ce n'est la raison elle-même ? en sorte que le droit d'élection serait soumis à la même condition que celui de l'éligibilité.

Dira-t-on qu'il ne faut point les mêmes lumières pour élire un représentant que pour l'être soi-même ? C'est aussi l'avis de Montesquieu, qui déclare que le peuple est d'une sagacité admirable dans le choix de ses mandataires ; mais cette opinion conduit au vote universel, et non au monopole électoral.

Nul doute que le peuple ne soit capable de

choisir ses mandataires, et j'ajoute que ce même peuple, c'est-à-dire le plus grand nombre des citoyens, apporte dans les questions politiques une raison supérieure à celle d'une minorité quelconque. Elle consiste dans ce sens droit et prompt, dans cette disposition admirable des masses à recevoir fortement les impressions du génie, dans ce sentiment profond de la nationalité, qui semble révéler à un peuple la cause de son existence; enfin dans cet instinct de conservation propre aux nations comme aux individus. C'est là que le peuple trouve cette énergie, et même cette prudence qui sauve la patrie aux jours des grands dangers (1).

Loin d'accorder au peuple une faculté si puissante, la doctrine que j'attaque lui refuse même la capacité de nommer ses représentans, et dèslors il est manifestement impossible *de constituer en gouvernement* cette raison qui est son principe de souveraineté.

(1) Après la bataille de Trasimène, ce fut le peuple (*populus*) qui nomma prodictateur Quintus Fabius Maximus, dont l'héroïque lenteur sauva la république. (*Voyez* Tite-Live, liv. XXII.)

Or, si la raison, qui fait la souveraineté, n'est plus qu'un principe abstrait, si un ambitieux, si une faction peuvent l'invoquer, c'est en réalité le principe du despotisme, et du pire des despotismes; de celui qui invoque la raison et la liberté pour opprimer les citoyens; l'intérêt national pour les spolier au profit de quelques traitans; les lois, pour renverser les premiers principes de la justice et de l'équité. C'est le despotisme *éclairé*, qui ne croit pas même à son droit, et en cela plus immoral que le despotisme des nations barbares; c'est l'ambition épuisant toutes les ressources de l'esprit, pour tuer et pour corrompre, employant alternativement le sophisme et la mitraille, et disant au peuple : Abdique tes prétentions à la raison, ou meurs!

Telles sont les conséquences d'un système où la souveraineté n'étant point dans le peuple, reste à la merci du premier ambitieux qui peut s'en emparer.

Le régime de la souveraineté du peuple a des inconvéniens, sans doute, mais aucun autre régime n'est exempt de ceux qu'on lui reproche; nous les examinerons en leur lieu; ses avantages,

au contraire, lui sont exclusivement propres. Là
l'ordre social repose sur la justice et la vérité. Le
but de l'activité nationale ne consiste plus à as-
souvir l'ambition et la cupidité de quelques
hommes, mais à concourir au bien général, qui
cesse alors d'être un vain mot. L'idée d'un but
aussi élevé préside à tous les travaux ; elle pé-
nètre dans toutes les relations sociales ; tout est
considéré dans ses rapports avec l'ordre général.
Les mœurs se distinguent surtout par la fran-
chise et la loyauté. La discussion des intérêts
publics et les orages de la tribune donnent aux
caractères une mâle énergie. Rien de ce qui est
grand ne paraît impossible à un tel peuple ; il est
toujours prêt à l'action, soit qu'il faille venger
l'honneur national, ou voler au secours de ses
alliés, soit qu'il faille porter les produits de son
industrie aux extrémités de la terre, et les principes de la vraie civilisation dans les contrées
que son flambeau n'éclaire point encore. C'est à
de tels travaux que se livre un peuple libre, tandis que ceux qui subissent la sujétion d'un ou
de plusieurs maîtres, consument leurs forces pour
enrichir leurs oppresseurs.

Quelles objections élève-t-on contre ce système? Le peuple, dit-on, est léger, inconstant, sujet à l'erreur (1). Mais ces défauts sont ceux de l'espèce humaine, et nul homme ne peut s'en faire un argument contre le peuple. Depuis quand l'infaillibilité est-elle, dans l'ordre temporel, la condition de la souveraineté? Le peuple est sujet à l'erreur! mais cela est vrai à plus forte raison d'un particulier ou d'une fraction du peuple; et, dans cette matière comme dans toute autre, les exceptions confirment la règle.

Il est vrai qu'en politique comme en toute chose, l'initiative d'une idée ne peut avoir lieu que par un individu; mais cette idée n'est souvent que l'expression de l'opinion publique. Si elle est particulière à celui qui la propose, ou qui la met en circulation, le peuple ou la re-

(1) La doctrine qui professe que le peuple ne peut se tromper est impraticable, et dérive du panthéisme.

Dans le système qui n'admet point cette infaillibilité, le peuple peut se prémunir contre sa propre faiblesse, par des combinaisons politiques plus ou moins compliquées, et approprier ses institutions au caractère de sa nationalité.

présentation nationale en est juge; et à moins que ce ne soit dans les grandes crises, où le salut du peuple est la suprême loi, personne n'a le droit de lui imposer une opinion et de diriger ses affaires malgré lui.

Cette dictature forcée expose, dira-t-on, le peuple à des usurpations; mais les gouvernemens despotiques sont-ils exempts de ce danger? et l'usurpation n'y est-elle point en quelque sorte une maladie chronique dans l'Etat?

Dira-t-on que cette nécessité d'accepter l'intervention passagère d'un grand homme, et d'autres nécessités encore, celles, par exemple, qui résultent de la circonscription géographique de l'Etat, des lois naturelles de la propriété, détruisent la souveraineté du peuple, qui, dans l'organisation de la constitution politique, est tenu d'observer ou de respecter certaines règles, sous peine de porter la perturbation dans la société? Mais la souveraineté ne consiste pas à violer les lois naturelles; et si l'on suppose qu'un peuple pourra se trouver en opposition permanente avec ces mêmes lois, on se place dans une de ces hypothèses que le droit public doit à peine prévoir, qui échappent aux règles de la prudence humaine, et où le salut public est la suprême loi.

Enfin, craindra-t-on que le gouvernement populaire ne laisse point aux hautes classes la liberté d'action suffisante pour que l'Etat puisse retirer toute l'utilité désirable de leur concours et des forces immenses dont elles disposent? une telle crainte est mal fondée. L'énergie des hautes classes s'énerve dans la paresse, sous le régime du monopole, tandis que celui de la liberté excite en elles une émulation dont les effets peuvent être si puissans, que ces classes acquièrent dans la direction des affaires une *influence* tout-à-fait prépondérante.

Ainsi tombent les objections élevées contre le principe de la souveraineté du peuple, qui conserve tous ses avantages, malgré les attaques des partisans de la souveraineté de la raison.

Ce principe du doctrinarisme est d'autant plus dangereux qu'il vient du protestantisme, dont il est le corollaire politique. En effet, le protestantisme abandonne à la raison individuelle l'interprétation des Ecritures sacrées, ce qui, à cause de la subtilité des matières, revient à conférer toute l'autorité aux prétendus habiles de la secte; en sorte que la théorie des doctrinaires n'est en réalité qu'une application du protestantisme au gouvernement politique. Cette théorie réunit dans les mêmes mains le pouvoir spirituel et le pouvoir temporel; elle remet au bras séculier les armes de la religion, et double la puissance du despotisme, entre les mains de qui le christianisme énervé n'est plus qu'un instrument d'oppression.

Les vrais partisans de la liberté politique acceptent le christianisme dans toute son autorité, et ils ne peuvent agir autrement sans une inconséquence évidente, puisque le christianisme, posant le dogme de la fraternité humaine, est la religion de la liberté. Cette autorité est infaillible, et réside dans l'Eglise, s'expliquant par la voix des conciles; en sorte qu'il y a cette analogie entre la théorie de la liberté politique et le christianisme, que l'autorité faillible mais pourtant souveraine du peuple, et l'autorité infaillible de l'Eglise se manifestent ou s'expliquent par la voix d'assemblées légitimes, bien qu'elles le soient à des titres infiniment différens.

Dans cet ordre d'idées, les deux puissances sont indépendantes, et leur indépendance garantit l'intégrité de chaque principe et la liberté générale.

Aussi la France, pendant un travail de plus de treize siècles, dont le but était de compléter les institutions de la liberté, n'a pas cessé d'être catholique; et alors même que le clergé, dont la conduite n'avait pas été exempte de reproches pendant le cours du dix-huitième siècle, n'était point épargné par la haine qui s'attachait au pouvoir absolu (1), le principe de l'autorité religieuse ne fut pas détruit en France, et la révolution se fit sincèrement au nom du dogme tout chrétien de la fraternité humaine.

C'est un spectacle d'un haut intérêt que celui qui nous montre l'association de la liberté et de la religion pendant tout le cours de notre his-

(1) On ne saurait nier que le sacerdoce en France n'eût besoin d'être régénéré; et quoique je sois fort loin d'adopter les déclamations vulgaires sur le clergé, il ne me paraît pas moins incontestable que les richesses, le luxe et la pente générale des esprits vers le relâchement, avaient fait décliner ce grand corps. (Demaistre, *Considérations sur la France.*)

toire; l'influence des conciles dans les crises de l'Eglise, et celle des assemblées nationales dans les crises de l'Etat; enfin, la société politique offrant les mêmes alternatives de prospérités et de revers que le clergé, suivant que l'une et l'autre sont fidèles au principe de leur institution ou s'en écartent.

C'est seulement au point de vue de cette association que notre histoire offre un véritable intérêt; et pour commencer par l'époque des deux premières races, c'est le seul flambeau qui puisse aider à en débrouiller le chaos.

A la fin du cinquième siècle, les Francs, unis aux populations gauloises, dont les mœurs avaient résisté à l'influence de la domination romaine, extrêmement restreinte à cette époque, affranchissent la Gaule, et y établissent un gouvernement libre, fondé sur les assemblées nationales. La conversion de Clovis a amené cette union; elle la fortifie, elle la complète, et le christianisme devient, avec la liberté politique, le principe générateur de ce nouvel état. Les premiers successeurs de Clovis achèvent la soumission des tribus ariennes, et cette secte est étouffée dans les Gaules par la société française encore au berceau. L'islamisme vient fondre sur elle; mais Charles Martel écrase les Sarrasins à Poitiers et à Narbonne. Charlemagne étend au loin en Europe le mouvement rénovateur commencé sous Clovis. Le pouvoir du chef de l'Eglise est affermi en Italie.

Tel est, au milieu de la confusion et de la barbarie de ces temps reculés, le côté véritablement social de cette époque. Les faits qu'elle présente révèlent la grandeur de la France pendant cette période ; on y voit une nation déjà vigoureuse, quoique nouvellement formée; la vie et la force s'y manifestent par des résultats immenses.

Les grandes résolutions politiques se prenaient alors en général dans ces assemblées nationales, connues sous le nom de *Champs-de-Mars* et de *Champs-de-Mai*. Dans l'ordre spirituel, l'Eglise opposait à l'erreur l'autorité des conciles. Depuis l'an 325 jusqu'à l'an 787, sept conciles généraux ont maintenu l'unité de la foi, attaquée par des sectes nombreuses.

M. Guizot, placé au point de vue de la souveraineté oligarchique de cette raison, qui n'est pas celle du peuple, ne voit qu'anarchie dans une époque où règnent, dans l'ordre spirituel, l'autorité infaillible de l'Eglise, et dans l'ordre temporel, l'autorité légitime des assemblées nationales. Selon lui, point d'alliance entre les deux peuples, nulle fusion, la conquête et la lutte, des élémens sociaux isolés ou en guerre : l'élément chrétien, l'élément romain, l'élément barbare. Il accorde seulement une influence au premier de ces élémens, au lieu de le considérer comme le principe générateur et conservateur des sociétés modernes. L'élément romain est, suivant lui, le pouvoir municipal. C'est encore, dit-il, l'idée d'un pouvoir absolu, sacré, attaché au nom de l'empereur; mais outre que l'attachement des Français pour leurs rois, qui, à cette époque, n'étaient guère que de simples chefs de guerriers, n'avait rien de commun avec l'infâme abjection des Romains devant le pouvoir impérial, s'ils eurent quelque connaissance de ce despotisme, cette idée, d'ailleurs incompatible avec leur amour pour la liberté, était nécessairement très-confuse dans leur esprit, et dut n'y laisser aucune trace, après l'anarchie qui suivit la mort de Charlemagne. Enfin, ce que l'auteur appelle l'élément barbare, consiste dans cet amour de l'indépendance, dans ce sentiment de la personnalité si énergique, dit-il, chez les races germaniques en particulier. Si ce sentiment avait eu chez les Francs la force que M. Guizot lui suppose, ils eussent pu, comme un torrent, traverser la Gaule en la ravageant; mais il y a peu d'apparence qu'ils eussent formé avec les populations de cette contrée, une alliance d'où naquît un Etat florissant. L'auteur confond avec le sentiment exclusif de la personnalité, cette simplicité de mœurs qui rendait les Francs en particulier si propres à recevoir l'Evangile, et à régénérer, par des institutions libres, la Gaule, depuis long-temps infestée par les rhéteurs et les sophistes, épuisée par la domination romaine. L'analyse que M. Guizot fait de cette époque n'a d'original que ces expressions d'élémens par lesquelles il caractérise d'une manière fausse ou incomplète l'influence du christianisme, les traditions du gouvernement romain et l'esprit national des Francs.

L'ouvrage de cet écrivain n'est en grande partie que l'histoire de cet élément barbare qu'il a signalé en commençant, et dont il suit les transformations dans l'époque féodale, dans celle où la féodalité est détruite, mais où la monarchie proprement dite n'existe point encore, jusqu'à la réforme protestante qui, d'après les principes de l'auteur, est, si je puis m'exprimer ainsi, l'époque où la société entre dans l'âge de raison, c'est l'ère *du libre examen,* c'est l'ère de la liberté, car c'est à la réforme que M. Guizot attribue le renversement du pouvoir absolu, tandis qu'elle n'a établi dans les contrées où elle a triomphé que le despotisme oligarchique, en détournant le mot *raison* de son sens véritable, pour en faire l'apanage de quelques hommes.

M. Guizot n'a donc pu saisir le véritable caractère de notre histoire nationale; on a vu comment il consistait sous les deux premières races, dans l'alliance de l'autorité religieuse et de la liberté politique. L'histoire de la troisième race en fournit de nouvelles preuves. Je reprends le fil de nos annales.

A la mort de Charlemagne, cette alliance est

encore dans sa force, l'autorité religieuse s'exerce sans contestation. Les assemblées nationales n'ont pas cessé d'être convoquées, mais la forme de celles-ci n'est point assez parfaite pour braver les efforts du temps; cette cause, jointe à la trop grande influence du pouvoir militaire et aux dissentions qui déchirent la famille de Charlemagne après la mort de ce grand homme, arrête les progrès de la société française. La simonie s'introduit dans l'Eglise, l'égoïsme dans l'État, les pouvoirs cessent d'être considérées comme des fonctions, le régime féodal s'établit. Cependant Grégoire VII, en rétablissant les élections ecclésiastiques, introduit dans le clergé des réformes qui lui rendent l'indépendance et la force. Un immense mouvement religieux suit cette rénovation. Le concile de Clermont appelle toute l'Europe aux armes pour s'opposer aux progrès de l'islamisme, et délivrer le tombeau du Sauveur des mains des infidèles. La France répond la première à cet appel. Dans cette croisade, peuple et nobles, hommes de toutes les nations chrétiennes, tous n'ont qu'un titre, tous sont soldats de Jésus-Christ.

Ce grand mouvement religieux et populaire est le précurseur d'une nouvelle ère de la liberté. Les communes se forment et entrent dans le système féodal, au même titre que tout possesseur de fiefs; la royauté s'associe avec elles contre la féodalité, et comme les communes elle grandit dans cette lutte. Louis VI réprime la tyrannie des nobles dans ses domaines, Philippe-Auguste en accroît l'étendue, saint Louis y établit, à la place de coutumes barbares, une législation fondée sur la raison et la justice. A la mort de Philippe-le-Bel, la royauté n'est plus seulement un grand fief, elle commande en souveraine. D'un autre côté, les communes n'avaient cessé d'accroître leurs forces par le commerce et l'industrie. Ce progrès de la puissance nationale s'était fait à propos. En effet, le temps arrive des grands dangers et des grandes crises. C'est le territoire qu'il faut disputer aux Anglais, c'est une armée régulière à former, un impôt à établir pour la solder. La royauté sent alors le besoin de recourir à la nation ; elle est convoquée sous le nom d'*États*, image imposante, quoiqu'imparfaite, de la représentation nationale. Les conciles sont appelés, vers la même époque, à guérir la plaie du grand schisme, et à détruire les abus que de longs troubles ont introduits dans l'Eglise.

La translation de la papauté à Avignon avait eu des suites funestes; le retour du souverain pontife a Rome fut suivi de cet horrible schisme qui divisa toute la chrétienté; et cette chaire de saint Pierre, où avaient siégé un saint Grégoire-le-Grand, un Grégoire VII, un Innocent III, et tant d'autres pontifes illustres, fut long-temps disputée par d'ambitieux rivaux. Le concile de Constance (1) mit enfin un terme à cette lutte déplorable; le concile de Bâle (2) rétablit les élections canoniques, et l'Eglise vit la fin de ses souffrances. D'un autre côté, l'établissement des États-généraux, en restaurant en France le principe de la liberté, a aussi rendu la force au pays (3). Ils ont arrêté les dilapidations des deniers publics, mis un frein à la prodigalité des premiers Valois, et contribué puissamment à l'or-

(1) En 1414.
(2) En 1431.
(3) Etats de 1355 (30 novembre), de 1356 (19 septembre), de 1439.

ganisation de la force publique, ainsi qu'à la création des ressources destinées à l'entretenir. La France vit alors le terme de ses malheurs.

Cependant la politique de deux de nos rois détruit les réformes introduites par le concile de Bâle, et, par la pragmatique-sanction, les élections canoniques sont abolies, de nouveaux abus s'introduisent dans l'Église, et fournissent un prétexte spécieux à la témérité des novateurs. La réforme protestante éclate enfin au seizième siècle. Une partie de la noblesse française essaie de l'introduire en France, et l'on voit aussitôt l'anarchie s'y déclarer de toutes parts; mais l'énergie populaire de la ligue s'oppose avec succès à cette tentative criminelle, et bientôt le cours de nos prospérités recommence. Sous le ministère du cardinal de Richelieu, continuateur de la politique d'Henri IV, l'ambition de la maison d'Autriche cesse d'inquiéter l'Europe. Louis XIV entreprend de donner à la France ses frontières naturelles; la Franche-Comté et la Flandre sont réunies à la couronne; mais la gloire de ces succès éblouit le monarque, et lui fait méconnaître les bornes de son autorité. Les

États-généraux sont oubliés; tous les pouvoirs, toutes les libertés s'affaiblissent au profit de la royauté, qui les absorbe enfin dans sa puissante unité. L'éclat d'un règne plein de gloire, quoique trop fastueux, fait supporter l'absolutisme de Louis XIV; mais les revers des dernières années de son règne éclairent la France sur sa position. Sous le suivant, le Parlement, isolé, fut sans force pour demander des réformes. Le clergé ne pouvait, comme corps de l'Etat, intervenir directement dans la politique, hors des États-généraux; mais il le pouvait indirectement. S'il eût été mieux composé, par l'influence d'une vie austère, par le zèle dans l'accomplissement des devoirs de l'épiscopat, au sein même des diocèses, par la sympathie que chaque prélat pouvait témoigner, comme citoyen, pour les libertés publiques, cette conduite eût pu prévenir les désordres de ce règne et la catastrophe du suivant, ou du moins éviter au clergé les fâcheuses préventions qui s'élevèrent contre lui. Mais, en général, le mode de nomination aux prélatures ne donnait point à l'Eglise des sujets capables de concevoir un tel plan de conduite, et de le suivre avec prudence et fermeté. Les passions et l'erreur en profitèrent pour décrier l'Eglise; les ambitieux, pour prendre crédit auprès d'une partie de la nation, en paraissant s'associer à l'œuvre de la régénération sociale. Une révolution s'était annoncée sous le règne qui suivit celui de Louis XIV; elle éclate enfin dans les dernières années du dix-huitième siècle. L'Eglise souffrit cruellement des haines que la conduite trop molle de ses membres avait excitées contre eux, et que l'intérêt et les passions attisaient encore. Ces animosités, jointes à l'orgueil et à l'enivrement de la victoire populaire, furent une cause de chute pour plusieurs, de tiédeur et d'indifférence pour un grand nombre. La foi au principe d'autorité religieuse s'affaiblit; toutefois, elle ne fut point détruite. Au fond, quel était le mobile de la révolution, le levier qui soulevait les masses populaires? c'était le dogme tout chrétien de la fraternité humaine, c'était la liberté publique, conséquence politique du christianisme. Le mal était moins profond qu'il a pu le paraître. Le peuple faiblissait dans la foi, mais il ne la reniait point; il poursuivait

dans l'ordre temporel les conséquences directes
et pratiques d'un des dogmes de la religion ; il
fallait bien qu'il revînt au principe d'autorité
religieuse qui les lui garantit. Si aujourd'hui les
plaies de l'Eglise ne sont point entièrement ci-
catrisées, si le clergé français peut désirer un
concert d'opinions plus parfait entre lui et la
nation, cela tient, en partie, à un reste de préventions qu'il paraît conserver encore contre la
liberté politique. Toujours placé par les concor-
dats dans un état de dépendance qui l'empêche
de juger comme il convient, du triomphe iné-
vitable des libertés nationales, il les acceptera
sans appréhension, le jour où le rétablissement
des élections canoniques lui donnera des membres plus indépendans et plus prompts à com-
prendre que la religion de la liberté doit s'associer aux destinées d'un peuple libre.

FIN.